ABROGATION DE LA LOI DU 24 JUILLET 1873

RELATIVE A

L'ÉGLISE DU SACRÉ-CŒUR

EXPOSÉ DES MOTIFS

PAR

MM. LAGUERRE ET BOMPARD

RAPPORT

PAR

M. MAURICE CABART

Garde général des forêts, licencié ès-sciences.

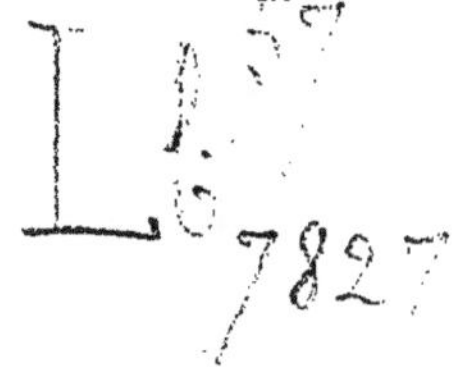

PROJET DE LOI

RELATIF

A L'ABROGATION DE LA LOI DU 24 JUILLET 1873

ET A LA CONSTRUCTION

D'UN

HOSPICE DES INVALIDES CIVILS

PAR

MM. G. LAGUERRE ET R. BOMPARD.

EXPOSÉ DES MOTIFS

Messieurs,

Dans les cahiers de 1789, cette glorieuse charte de la France moderne, la nation proclama l'inviolabilité du droit de propriété.

L'Assemblée constituante, donnant satisfaction au vœu de ses mandants, inscrivit ce principe dans la Déclaration des droits de l'homme (art. 17) et décida que « la propriété étant inviolable et sacrée, nul ne peut en être privé, si ce n'est lorsque la nécessité publique légalement constatée l'exige évidemment, et sous la condition d'une juste et préalable indemnité. »

Depuis lors, toutes les Assemblées, tous les régimes respectèrent cette règle, et la Constitution de 1793 comme le Code civil, la loi de 1810 comme celle de 1841, n'admirent l'expropriation que pour les cas d'utilité publique évidente.

Il était réservé à l'Assemblée de 1871 de violer ce principe respecté depuis 1789, en déclarant d'utilité publique la construction d'une église du Sacré-Cœur sur la colline de Montmartre.

Quelle était l'utilité de cette construction? Manquait-on d'églises à Paris?

La population parisienne, ordinairement plus sceptique, avait-elle ressenti subitement un besoin impérieux d'adorer le Sacré-Cœur ?

Non, mais quelques députés, élus pour faire la paix, avaient jugé opportun de se servir du droit d'expropriation pour satisfaire une fantaisie mystique de MM. Jean Brunet, Combier et de Belcastel.

C'est à Jean Brunet que revient l'honneur d'avoir le premier proposé d'élever un temple au Christ « sur la hauteur de Paris qui avait été consacré au roi de Rome. Ce temple, disait-il, portera cette devise de salut universel : Dieu protège la France; le Christ est vainqueur, il règne, il commande. »

Ce projet fut rejeté par la Commission « parce que, disait le rapporteur M. Cazenove de Pradines, parce que la formule n'est pas assez catholique, et réunirait tous les cultes chrétiens dans une promiscuité de doctrines ! »

M. de Belcastel, à son tour et sur les prières instantes de son collègue M. Combier, vint au mois de juin 1873 se mettre à genoux devant l'autel de Paray-le-Monial, et, en présence de tous les pèlerins assemblés, récita un acte de consécration par lequel il vouait la France au Sacré-Cœur.

« C'est là, écrivit-il à l'*Univers,* une étrangeté; c'est, si vous le voulez, un acte de folie, que l'on ne commet point à jeun, mais nous étions ivres du banquet sacré. »

L'Assemblée de 1871 consacra législativement la folie, l'étrangeté, l'acte d'ivresse de M. de Belcastel : résolution peu surprenante si l'on se rappelle quelle Assemblée extraordinaire était celle de 1871.

C'était le temps où le général Robert élevait au-dessus de ses collègues dans un discours « le Très Saint Sacrement, ce signe vénéré de la présence réelle de Dieu » pour les engager à bien voter. C'était le temps où M. de Gavardie proposait de nommer un conseil des beaux-arts composé en partie d'évêques et chargé d'enlever de nos jardins publics « les filles de marbre, les nymphes républicaines et, par conséquent, sans-culottes qui les souillent ».

On couvrait d'applaudissements le général du Barail déclarant que ceux-là n'ont pas droit au respect qui se font enterrer civilement. Alors aussi quatre-vingts députés signaient une adresse au Pape, et s'engageaient à conformer leur conduite privée et publique aux décisions du saint-père, et en particulier « au grand et courageux Syllabus, qui garde toute la vérité sociale ».

Une telle Assemblée était bien faite pour comprendre et approuver les projets de MM. Jean Brunet et Belcastel.

En vain M. Bertauld prouva-t-il que cette loi violait tous les principes de notre droit, et qu'on ne pouvait la voter « sans biffer tout ce qui s'est fait depuis 1789 ».

En vain M. Tolain, luttant avec courage contre la scandaleuse partialité de M. Buffet et contre l'excessive intolérance de la droite, en vain M. Tolain démontra-t-il que le culte auquel on voulait vouer la France avait été condamné comme une hérésie détestable p«r des docteurs, des évêques et des papes.

Que pouvaient de tels arguments dans un tel milieu?

La seule difficulté qui préoccupa la droite fut de savoir si l'on nommerait le Sacré-Cœur dans le texte de la loi, si « l'on ferait courir au vocable sacré les chances d'un scrutin ».

Cette grave question résolue, on passa au vote : 405 voix contre 302 consacrèrent notre pays au culte dont Marie Alacoque est le grand pontife.

Sur quoi M. de Belcastel écrivit : « C'est une grande journée qui restera comme la déroute des impies. »

Les impies ont eu leur revanche; car où sont aujourd'hui MM. Jean Brunet, Combier et de Belcastel?

Le suffrage universel les a rendus à la vie privée. La France a balayé ces revenants d'un autre âge.

Le 24 juillet 1873 les catholiques, qui se réclament aujourd'hui de la liberté, montrèrent une fois de plus, que, victorieux, ils n'en connaissent qu'une : la liberté d'être les maîtres.

Nous avons l'honneur de demander à la Conférence de voter d'abord l'abrogation de la loi du 24 juillet 1873, audacieuse atteinte portée à la fois à la liberté de conscience et au respect inviolable dû à la propriété.

Cette abrogation ne nous suffit pas. Il ne faut pas que cette église, insolent défi jeté à la ville de la libre-pensée, s'élève sur la colline qui domine Paris.

Le sol national peut, croyons-nous, être plus utilement affecté à la construction d'un édifice dont l'idée première nous est inspirée par la solidarité républicaine.

Nous vous demandons d'exproprier l'archevêché de Paris, propriétaire d'après la loi que nous combattons des quelques pans de murs élevés à tant de frais et qui, après huit ans, malgré prières, sermons, appels désespérés, constituent encore tout ce qui devait être l'église du Sacré-Cœur.

Si vous approuvez cette doctrine, vous déclarerez d'utilité publique la création à Montmartre d'un hospice pour les invalides civils, et vous voterez notre projet de loi, qui est ainsi conçu :

PROJET DE LOI.

ART. 1er.

La loi du 24 juillet 1873, relative à la construction d'une église à Montmartre, est abrogée.

ART. 2.

Est déclarée d'utilité publique la construction d'un hospice des invalides civils sur les terrains affectés à l'église dite du Sacré-Cœur.

GEORGES LAGUERRE.
RAOUL BOMPARD.

RAPPORT

Présenté au nom de la Commission (1) chargée d'examiner le projet de MM. BOMPARD et LAGUERRE , relatif à l'abrogation de la loi du 24 juillet 1873 sur l'érection d'une église vouée au Sacré-Cœur sur la colline de Montmartre, et l'expropriation, au profit de la création d'un hospice des invalides civils, des terrains possédés, en vertu de cette loi, par l'archevêché.

Parmi les lois qui nous régissent, Messieurs, il en est de bonnes et il en est de mauvaises. Ce n'est pas seulement parce qu'elles sont l'ouvrage des hommes ; car ils ont fait de très bonnes choses, et ceux qui ont inventé et perfectionné les arts, ceux qui ont su observer les astres, reconnaître, dans leurs apparences, les mouvements réels de la terre, s'élever aux lois des mouvements planétaires, et de ces lois aux principes de la pesanteur universelle, redescendre enfin de ce principe à l'explication complète de tous les phénomènes célestes, jusque dans leurs moindres détails, pouvaient à coup sûr imaginer un corps de jurisprudence tolérable. Mais les lois ont été établies, dans presque tous les pays, par l'intérêt du législateur, par le besoin du moment, par l'ignorance, par la superstition. On les a faites à mesure, au hasard, irrégulièrement, comme on bâtissait les villes. Voyez à Paris combien la rue de la Clef, la rue Brise-Miche, ce vieux quartier de la Cité, si bien décrit par Victor Hugo dans *Notre-Dame de Paris*, contrastent avec le Louvre et les Tuileries ! N'est-ce pas là l'image de nos lois ?

De ces lois, il en est que supporte avec impatience la raison humaine : ce sont celles qui ont pour origine l'ignorance ou la supersti-

---

(1) Cette Commission était composée de MM. Laguerre, *président,* Bocandé, Bompard, Cougny, Forestier, Furcy-Larue, Henry, Le Masurier, Mavet, Ollendorff, C. Pinta, Rathier, Poujaud, Tournier, Sensier, Marmottan, Duchesne, Cabart, *rapporteur.*

tion; c'est l'une d'elles que le projet de MM. Bompard et Laguerre vous propose d'abroger.

Dans l'antiquité, tout était emblème et figure : en Perse, le feu était le symbole de la divinité; les Egyptiens adoraient le bœuf Apis et le Chien céleste, qui les avertissait de l'inondation du Nil; chez les Indiens, surtout, les emblèmes les plus étranges étaient consacrés; c'est là qu'on portait en procession, avec le plus grand respect, les deux symboles de la génération, les deux symboles de la vie. Nous en rions, Messieurs, nous osons traiter ces peuples d'idiots barbares, parce qu'ils remerciaient Dieu innocemment de leur avoir donné l'être!! Que diraient donc ces peuples, et quel jugement doivent porter leurs descendants sur une réunion d'hommes, on n'ose vraiment pas dire une réunion de Français, assez enfantine, assez peu soucieuse de sa propre dignité, pour consacrer un pays au cœur d'un homme dont les chrétiens ont passé trois siècles entiers à former l'apothéose, toujours à l'exemple des anciens, qui avaient divinisé des mortels. Et encore, n'est-il pas plus raisonnable de diviniser Hercule, pour avoir nettoyé les écuries d'Augias et couché dans une nuit avec cinquante vierges, que Jésus-Christ pour avoir dit à sa mère, qu'il aurait dû doublement respecter, à titre de mère et de vierge : « Femme, qu'il y a-t-il de commun entre vous et moi? »

Mais, avant de discuter la loi votée par l'Assemblée nationale, le 24 juillet 1873, nous devons faire l'historique des diverses phases par lesquelles a passé cette consécration de la France au Sacré-Cœur, consécration contre laquelle s'élèvent MM. Laguerre et Bompard, et avec eux tous les esprits sensés et tolérants.

Le 16 mai 1871, l'Assemblée nationale, « prétendant répondre au cri qui s'élevait du cœur de tout un peuple, et voulant montrer au monde étonné que la France reconnaissait la main qui seule pouvait la guérir et la sauver », ordonnait des prières générales à seule fin de conjurer Dieu d'apaiser nos discordes civiles. Le 11 janvier 1872, Jean Brunet, de drôlatique mémoire, proposait à l'Assemblée l'érection à Paris d'un temple national. A partir de ce jour, les fidèles se mettaient à l'œuvre, afin de réunir la somme nécessaire pour élever une église au Sacré-Cœur, et le 5 mars 1873, M. Guibert, archevêque de Paris, écrivait au ministre une lettre mémorable, dont nous extrayons les idées suivantes :

« Six cent mille francs, produit de quêtes faites dans les divers diocèses et de souscriptions volontaires, sont réunis pour élever au sein même de Paris un temple destiné à affirmer l'inébranlable confiance de la patrie vaincue et mutilée dans la miséricorde infinie du cœur de

N.-S. Jésus-Christ, et à couvrir d'une ombre tutélaire notre grande capitale où se concentre la vie de la France entière. Cette église sera bien placée sur cette colline de Montmartre (*mons martyrum*), que son nom et la tradition signalent comme un lieu consacré. C'est là, en effet, que saint Denys et ses compagnons de martyre ont répandu avec leur sang les premières semences de la foi chrétienne. Un monument qui doit être comme une nouvelle profession de foi pourrait-il être plus convenablement construit ailleurs que sur la sainte montagne qui fut le berceau de la religion chrétienne dans notre vieille France! »

L'archevêque demandait, en outre, de choisir avec les autorités compétentes le point précis *qui pourrait le mieux répondre à la grandeur de la pensée qui a inspiré le projet*. « *Une déclaration d'utilité publique*, ajoutait-il, *ne paraîtrait pas exorbitante pour un intérêt de cet ordre* et donnerait la faculté d'appliquer le droit d'expropriation. Le monument serait la propriété incommutable des archevêques successifs du diocèse sur le territoire duquel il aura été construit. »

M. Guibert terminait par cette phrase :

« Je regarde, Monsieur le ministre, comme une circonstance *toute providentielle* la nécessité où nous nous trouvons de recourir à l'autorité de l'Assemblée nationale pour assurer le succès complet de notre patriotique entreprise, car j'ai la confiance *que la noble Chambre, si fidèle aux inspirations et aux traditions chrétiennes*, ne refusera pas de l'approuver. *Secondée par l'Assemblée nationale et réalisée par les offrandes volontaires recueillies dans tous les diocèses, notre œuvre aura ainsi le caractère d'une œuvre nationale, et le temple élevé au Dieu de paix et de miséricorde par le concours de ces deux grandes volontés, celle de l'Assemblée nationale et celle du pays lui-même, rendra la confiance à tous les cœurs, en proclamant que la France, éclairée par ses malheurs, reconnaît la nécessité de chercher son salut dans la foi chrétienne, qui fut toujours pour elle une source de prospérité et de grandeur.* »

Pressé par cette lettre et guidé par le Saint-Esprit, M. Batbie, ministre de l'instruction publique et des cultes, présenta, dans la séance du 24 juin 1873, au nom du maréchal de Mac-Mahon et au sien, un projet de loi qui reproduit à peu près dans son entier la lettre de M. Guibert.

Dans l'exposé des motifs, M. Batbie s'appuyait sur ce que l'emplacement choisi était indiqué, dans les plans étudiés par les ingénieurs de la ville de Paris, pour la construction d'une tour ou d'un monument décoratif; que, par conséquent, la ville se trouverait dégrevée de cette dépense (quel souci des intérêts de la capitale!); d'ailleurs, l'ouverture d'un chantier important dans un quartier qui compte un grand nombre d'ouvriers en bâtiments serait, à l'heure actuelle, une excellente mesure que la population de cet arrondissement accueillerait avec faveur.

La commission chargée d'examiner le projet de loi se composait de MM. Baze, de la Bassetière, Keller, comte de Maillé, Riondel, Warnier, Delpit, comte de Cornulier-Lucinière, vicomte de Kermenguy, Lenoël, baron Chaurand, Hamille, vicomte de Bonald, de Belcastel, Arthur Legrand; presque tous cléricaux de l'eau la plus limpide.

Cette commission, dont M. Keller fut nommé rapporteur, conclut à l'adoption du projet de M. Batbie. Des objections faites au sein de la commission, je citerai les seules qui aient une portée :

L'un des membres de la commission regrettant que l'on n'eût pas fait précéder la déclaration d'utilité publique de l'enquête administrative ordonnée par l'art. 3 de la loi du 3 mai 1841, on lui répondit que l'Assemblée, faisant une loi pour un cas particulier, pourrait dispenser d'une prescription générale, mais que comme il s'agissait de porter atteinte aux principes qui avaient inspiré le législateur de 1841, comme d'ailleurs, LA RELIGION NE CESSAIT D'ENSEIGNER ET DE PROPAGER LE RESPECT DES LOIS, on s'était assuré que cette première enquête n'était pas nécessaire et n'avait pas de raison d'être dans l'espèce, car l'art. 2, qui énumère avec beaucoup de précision les formes exigées pour que les tribunaux puissent prononcer l'expropriation, n'y comprend nullement cette enquête, et la jurisprudence constante du Conseil d'Etat et de la Cour de cassation établit qu'elle est simplement un document destiné à éclairer l'administration. M. Keller ajoute cette assertion : « Dans le cas actuel, l'enquête n'aurait aucun but, attendu que la forme dans laquelle elle est ordonnée, le choix des principaux propriétaires et négociants qui composent la commission, l'obligation d'indiquer la dépense de l'entreprise et le tarif des droits, dont le produit pourrait être destiné à couvrir les frais des travaux, tout fait voir, à n'en pas douter, qu'il s'agit surtout du point de vue financier et que l'on consulte le public pour savoir si les avantages de l'entreprise seront pour lui en rapport avec les sacrifices qui lui seront imposés. »

Nous répondrons à cette thèse en exposant les motifs qui ont guidé la commission nommée par la Conférence.

La seconde objection, relatée dans le rapport de M. Keller, est la suivante :

L'archevêque de Paris ne figure point parmi les personnes au profit desquelles l'expropriation peut être prononcée. En le constituant propriétaire d'un édifice privé, on s'exposerait à voir cette église fermée au public.

D'après la jurisprudence, réplique-t-on, l'énumération des personnes au profit desquelles l'expropriation peut avoir lieu n'est nullement limitative; le droit d'expropriation pour cause d'utilité publique peut être invoqué par une association syndicale, quand il s'agit de redresser un cours d'eau ou de dessécher un marais, par un conseil de fabrique, quand il s'agit de construire une église. Il peut donc l'être par l'archevêché, qui est un établissement public et qui, à ce titre, a toujours le droit de posséder.

Du reste, ajoute-t-on, ce qui justifie le privilège de l'expropriation, c'est moins la qualité de la personne ou de l'association QUE L'UTILITÉ PUBLIQUE BIEN RECONNUE du travail à entreprendre.

Or, est-elle d'utilité publique cette église que l'archevêque propose d'élever sur ces hauteurs arrosées par le sang des premiers martyrs, qui, avec la foi, nous ont apporté la liberté et la civilisation?

Est-il d'utilité publique d'effacer par cette œuvre d'expiation les crimes qui ont mis le comble à nos douleurs?

Est-il d'utilité publique d'appeler sur la France, qui a tant souffert, la protection et la miséricorde de celui qui donne à son gré la défaite ou la victoire?

Et le rapport de M. Keller se termine par ces mots topiques :

« La souscription nationale pour l'église du Sacré-Cœur atteste le réveil de cette activité religieuse, qui pour un peuple est le premier élément de force, de grandeur et d'indépendance. Afin qu'aucun doute ne puisse s'élever sur la destination de ce monument, élevé au Dieu de paix et de miséricorde et ouvert aux fidèles de toute la France, la commission propose de remplacer l'art. 1er du projet de loi par celui-ci :

ART. 1er. Est déclarée d'utilité publique la construction de l'église que, par suite d'une souscription nationale, l'archevêque de Paris propose d'élever sur la colline de Montmartre, en l'honneur du Sacré-Cœur de Jésus-Christ, pour appeler sur la France, et en particulier sur la capitale, la miséricorde et la protection divine. »

Le 23 juillet 1873, le projet de loi venait en discussion. M. de Belcastel monta à la tribune pour dire qu'après mûre réflexion la commission, ne voulant pas soumettre le vocable sacré aux chances d'un scrutin, le retirait. Après les discours pleins d'un pathos mystique de MM. de Belcastel et de la Bassetière, un discours sentimental de M. de Pressensé, une discussion sérieuse et juridique de MM. Bertauld et Bardoux, à laquelle répondit le grand jurisconsulte Batbie, la dis-

cussion fut déclarée close sur quelques paroles très vraies et très sen-
sées de MM. Corbon et Tolain, et la loi suivante fut votée :

Art. 1er. Est déclarée d'utilité publique la construction d'une église
sur la colline de Montmartre, conformément à la demande qui en a
été faite par l'archevêque de Paris, dans sa lettre du 5 mars 1873
adressée au ministre des cultes. Cette église, qui sera construite ex-
clusivement avec des dons provenant de souscriptions, sera à perpé-
tuité affectée à l'exercice public du culte catholique.

Art. 2. L'emplacement de cet édifice sera déterminé par l'archevêque de Paris, de concert avec le préfet de la Seine, avant l'enquête
prescrite par le titre II de la loi du 3 mai 1841.

Art. 3. L'archevêque de Paris, tant en son nom qu'au nom de ses
successeurs, est substitué aux droits et obligations de l'administration,
conformément à l'art. 63 de la loi du 3 mai 1841 et autorisé à acquérir
le terrain nécessaire à la construction de l'église et à ses dépendances,
soit à l'amiable, soit, s'il y a lieu, par expropriation.

Art. 4. Il sera procédé aux mesures prescrites par les titres II et
suivants de la loi du 3 mai 1841 aussitôt après la promulgation de la
présente loi.

Telle est la loi, Messieurs, que la commission nommée par la Conférence Molé, pour étudier et discuter le projet de loi de MM. Laguerre
et Bompard, vous propose d'abroger. Les motifs qui nous ont amenés à
adopter ce projet, à le faire nôtre, sont de deux sortes : les premiers
sont basés sur le bon sens et la raison, dont semble s'être complète-
ment départie la majorité de l'Assemblée nationale de 1871 ; les seconds
sont absolument juridiques.

Quel a été le but de l'Assemblée de 1871 en votant la loi dont nous
parlons? Etait-ce simplement pour implorer la miséricorde divine et
appeler la protection de Dieu sur la France? Mais on peut prier Dieu
partout, en plein air comme dans les églises, et l'invoquer en faveur
de son pays. Etait-ce pour affirmer les sentiments religieux d'un certain nombre de Français, faire un acte de conscience et de foi? Mais
les affaires de conscience ne regardent que l'individu lui-même et ne
doivent pas engager son prochain, car elles doivent se débattre entre
lui et Dieu, s'il y croit. Non ! En élevant une église sur la colline de
Montmartre, en la dédiant au Sacré-Cœur et en y consacrant la France,
l'Assemblée de 1871 entendait rappeler à la France, ainsi que l'a dit
M. de la Bassetière, « qu'elle était née d'un acte de foi sur un champ
de bataille »; elle voulait faire la guerre à l'esprit moderne, combattre
la pestilence révolutionnaire; elle voulait que le monument élevé sur

le *Mons martyrum* apparût à la France, à la capitale, comme un *Labarum*, comme un signe de la victoire du cléricalisme : « *In hoc signo vicisti.* » Et le chiffre de Jésus-Christ (car chacun sait que Jésus-Christ a un chiffre) qui ornait le *Labarum* de Constantin devait être remplacé par le cœur du divin Maître. C'était la dévotion du Sacré-Cœur, c'était ce culte créé par les jésuites et qu'ils étaient parvenus à faire autoriser malgré deux papes et un grand nombre d'évêques et de cardinaux, que voulait imposer à la France, à Paris, la ville par excellence de la libre-pensée et du progrès, une Assemblée imbibée de l'esprit jésuitique ! Examinons donc ce culte auquel on vouait la France, et voyons ce qui lui avait donné naissance.

Vers la fin du XVIIe siècle, les jésuites, sentant que, fatigués des petites pratiques dont ils avaient surchargé le catholicisme, les hautes classes inclinaient vers le jansénisme et leur échappaient, résolurent de les ramener à eux par quelque miracle bien senti. Or Godwin, chapelain et confident de Cromwell, s'était avisé de prêcher que le cœur de Jésus, cette partie du corps dans lequel il avait daigné s'incarner, devait être l'objet d'un culte spécial. Cette doctrine faisait encore un certain bruit en Angleterre, à l'époque où la duchesse d'York avait pour confesseur un jésuite, le R. P. La Colombière. Cet homme comprit qu'il y avait un parti énorme à tirer de ce culte grossier, qui devait frapper vivement les imaginations populaires, satisfaire à leur fétichisme inné et à ce besoin de matérialisation que méconnaissait le jansénisme. Les jésuites cherchèrent un instrument dans un couvent de femmes. Ils le trouvèrent chez les Visitandines de Paray-le-Monial. Ce fut Mlle Marguerite-Marie Alacoque, pauvre fille visionnaire et hystérique, qui trouverait actuellement sa place marquée parmi les sujets du docteur Charcot. En étudiant les livres de l'évêque Languet, du P. Croiset et du P. Daniel, on retrouve les traits de cette affection psychologique connue sous le nom de nymphomanie, et quelques passages tirés des pensées de Marie Alacoque vous prouveront surabondamment, Messieurs, de quelle terrible maladie était affligée cette pauvre fille :

Le jour de sa prise d'habit, le 25 mai 1671, elle raconta la vision suivante : « Notre-Seigneur me fit voir que ce jour était le jour de nos fiançailles spirituelles ; il me fit ensuite comprendre qu'il voulait me faire goûter ce qu'il y avait de plus doux dans la suavité des caresses de son amour. Effectivement, ces caresses divines furent, dès ce moment, si excessives qu'elles me mettaient souvent hors de moi-même et me rendaient presque incapable d'agir en dehors, et c'était pour moi un sujet de si étranges confusions que je n'osais paraître. »

J'extrais d'un petit livre intitulé : *Pensées de la bienheureuse Marie Alacoque* (1) les pensées suivantes :

29e pensée du mois de mars, page 46. (On y sent clairement l'influence du printemps qui s'avance.)

 « *Notre bon Maître est très savant en direction, et quand nous nous abandonnons bien à sa conduite, et que nous le laissons faire, il nous fait bien faire du chemin en peu de temps, sans que nous nous en apercevions, sinon par les combats que sa grâce livre continuellement à notre nature immortifiée.* »

Je terminerai (car il ne faut pas abuser même des bonnes choses) par cette dernière citation tirée d'un cantique en l'honneur du Saint-Sacrement, page 187 :

> Je suis une biche harassée
> Qui cherche la source d'amour ;
> La main du chasseur m'a blessée,
> Son dard me brûle nuit et jour.
>
> —
>
> Souffrir, aimer, c'est mon délice.
> Je ne veux plus d'autre plaisir ;
> Tout le reste m'est un supplice.
> Aimer, souffrir, c'est mon désir !

Qui donc avait pu lui apprendre à faire des vers, lui enseigner si bien les règles de la prosodie, sinon son divin Maître, qui, un des nombreux jours où il lui apparut, un jour de Toussaint, lui récita le quatrain suivant, qui, s'il manque tant soit peu de clarté et n'atteint pas, comme pourrait le faire supposer son origine, les limites de la perfection, mérite d'être recueilli comme une rareté. Nous le trouvons dans l'ouvrage de l'évêque Languet :

> « Rien de souillé dans l'innocence,
> « Rien ne se perd dans la puissance,
> « Rien ne passe en ce beau séjour,
> « Tout s'y consomme dans l'amour. »

Un jour, Jésus-Christ apparaît à Marie Alacoque, ouvre le côté de la Visitandine (ce qui peut paraître au moins indiscret), en extrait délicatement le cœur, le plonge dans le sien, « qui, à travers la plaie du côté, dit-elle, me paraissait éclatant comme le soleil ou comme une

___

(1) *Pensées de la bienheureuse Marie Alacoque pour tous les jours de l'année.* Petit livre édité par J. Tissot, missionnaire de Saint François de Sales, approuvé par J. Veyrat-Charvillon, chanoine, imprimé chez Oudin frères, 51, rue Bonaparte.

fournaise ardente », et après lui avoir donné ce bain chaud il le remet dans la poitrine de « sa bien-aimée servante ».

Le père La Colombière, qui dirigeait à cette époque Marie Alacoque, lança le miracle. Les jésuites, après plusieurs prodiges de ce genre qu'il serait trop long de rapporter ici, travaillèrent à la propagation de cette légende et à l'établissement de ce nouveau culte. Repoussés d'abord par Prosper Bottini, archevêque de Myre et promoteur de la foi, qui prouve que l'institution d'une fête en l'honneur du Sacré-Cœur de N.-S. Jésus-Christ était contraire à la discipline de l'Eglise, ils s'adressent à Clément XI et en obtiennent un bref qui autorise les religieuses d'Annecy à célébrer le culte du Sacré-Cœur. Ils demandèrent alors la béatification de Marie Alacoque. Le nouveau promoteur de la foi, Prosper Lambertini, depuis Benoît XIV, refusa énergiquement d'acquiescer à leur demande, et son plaidoyer, plein de sens, qui n'est autre qu'un appel à la philosophie moderne et à la vraie physiologie, est digne d'être cité ici :

« J'étais à cette époque promoteur de la foi, raconte-t-il ; j'opposai à la demande l'autorité de saint Bernard en sa lettre 174ᵉ, adressée aux chanoines de Lyon qui avaient commencé à célébrer la fête de la bienheureuse Vierge Marie. Bien que le saint désapprouve surtout la nouvelle fête en ce sens qu'on n'avait pas consulté le Saint-Siège au préalable, il ne néglige pas de tirer un argument de sa nouveauté même, il s'écrie : « Est-ce que nous sommes plus savants ou plus dévots que nos pères? Il y a danger à présumer en pareille matière ce que leur sagesse a passé sous silence. Cette sagesse, croyons-le bien, n'a oublié que ce qui devait l'être. » J'ai insisté, avec le même saint Bernard, sur ce point qu'en instituant une fête il fallait soigneusement examiner si cette institution n'aurait pas pour conséquence forcée d'en faire établir d'autres ; car, dans ce cas, la pratique de l'Eglise est qu'on s'abstienne. Or, si l'on accordait une messe avec office propre en l'honneur du cœur de Jésus-Christ, on pourrait, au bout de quelque temps, demander la même concession en l'honneur du cœur de la Sainte Vierge Marie. J'ai donc demandé qu'on s'abstînt d'instituer la fête en question. J'ai dit que la révélation PRÉTENDUE FAITE A LA VÉNÉRABLE MARGUERITE ne suffisait pas. J'ai ajouté que les demandeurs tenaient pour acquis que le cœur était le principe sensible de toutes les vertus et le centre de toutes les douleurs, tandis qu'il y a là une question philosophique à discuter. Les philosophes modernes prétendent que la haine, l'amour..., etc..., ont leur siège, non dans le cœur, mais dans le cerveau. Or, l'Eglise ne s'est pas encore prononcée sur la vérité de l'une ou de l'autre de ces deux opinions, et s'abstiendra

prudemment de définir de semblables choses. Cela étant, j'ai respec-
tueusement insinué qu'il ne fallait pas avoir égard à une demande
appuyée surtout sur une opinion des anciens philosophes, combattue
par les modernes. Conformément à mes conclusions, la congrégation
des rites répondit le 12 juillet 1727 : *Non proposita*, mode de réponse
qui signifie que les demandeurs aient à s'abstenir de demande impli-
quant d'aussi nombreuses difficultés, et qui fait prévoir un refus définitif. Les demandeurs ayant renouvelé nonobstant leurs instances, la
sacrée congrégation des rites, sur les conclusions du prélat qui m'avait
succédé dans les fonctions de promoteur, répondit, le 30 juillet 1729,
par un refus définitif : *Négative.* »

Sous Clément XIII, malgré l'énergique résistance de quatre cardinaux, le culte, fruit des visions hystériques de Marie Alacoque, du
mysticisme du P. La Colombière et des intrigues de la compagnie de
Jésus, fut enfin consacré. C'est ce culte auquel l'Assemblée de 1871
vouait la France! Ce sont là les superstitions au moyen desquelles les
hommes qui se trouvaient à la tête de notre grand pays voulaient
abêtir le peuple pour mieux s'en rendre maîtres, au lieu de se rappeler les splendides paroles par lesquelles, terminant son livre du sys-
tème du monde, Laplace parle des services rendus par les sciences et
l'astronomie en particulier : « Leur plus grand bienfait est d'avoir
dissipé les craintes occasionnées par les phénomènes célestes et détruit
les erreurs nées de l'ignorance de nos vrais rapports avec la
nature, erreurs d'autant plus funestes que l'ordre social doit reposer
uniquement sur ces rapports. Vérité, Justice : voilà ses lois immua-
bles. Loin de nous la dangereuse maxime qu'il est quelquefois utile
de s'en écarter et de tromper ou d'asservir les hommes pour assurer
leur bonheur; de fatales expériences ont prouvé, dans tous les temps,
que ces lois sacrées ne sont jamais impunément enfreintes. »

Je crois que nous avons démontré suffisamment, Messieurs, l'inu-
tilité religieuse du monument dont l'Assemblée nationale a gratifié
Montmartre ; j'ajouterai cependant un mot.

L'érection de ce monument, qui rappellera d'une part des querelles
intestines que tous nous devons oublier complétement, qui rappellera
d'autre part, grâce à son vocable, la congrégation la plus impopulaire
en France, celle des jésuites, choque beaucoup de consciences. Ainsi
que l'indique une pétition adressée par le conseil municipal de Paris,
le 5 octobre 1880, à la Chambre des députés, bien des gens considè-
rent cette église comme une injure permanente à l'intelligence et au
patriotisme de Paris et de la France, comme un lieu consacré aux
manifestations du fanatisme politique et religieux, une provocation

incessante à la guerre civile. M. Guibert, archevêque de Paris, accentuait, naguère encore dans une lettre, le caractère de provocation de ce monument « expiatoire » imposé à la France républicaine. Ce sentiment de défiance et de colère ne se fût pas fait jour pour l'érection du temple projeté par Jean Brunet, surtout si on l'eût élevé à Dieu avec cette belle devise de Platon et de Pascal : « Dieu est un cercle dont le centre est partout et la circonférence nulle part. » Mais c'eût été de la conciliation, c'eût été trop sublime pour l'Assemblée nationale qui ne voulait pas « réunir tous les cultes dans une promiscuité de doctrines. » Le labarum eût été un signe de paix, et l'Assemblée déclarait la guerre à la libre pensée !

Quels sont maintenant les motifs juridiques mis en avant dans la Commission pour soutenir le projet de loi de MM. Bompard et Laguerre ?

Une assemblée politique, qui représente la totalité des citoyens d'un pays, la diversité de leurs croyances, ne doit pas se préoccuper de questions qui rentrent absolument dans le domaine religieux. Assemblée laïque et non concile, elle a à traiter des affaires politiques, qui seules sont soumises à son appréciation. L'Assemblée de 1871 a donc outrepassé son droit.

Non-seulement l'Assemblée de 1871 outrepassait son droit, mais elle violait la loi du 27 juillet 1870, qui prescrit de faire précéder la loi autorisant tous les grands travaux publics, entrepris par l'État ou par les compagnies concessionnaires, d'une enquête administrative, dont les formes ont été déterminées par une ordonnance du 18 février 1834. Or quelles sont les principales prescriptions édictées par cette ordonnance ?

« L'enquête pourra s'ouvrir sur un avant-projet où l'on fera connaître le tracé général de la ligne des travaux, les dispositions principales des ouvrages les plus importants et l'appréciation sommaire des dépenses. A l'avant-projet sera joint, *dans tous les cas,* UN MÉMOIRE DESCRIPTIF INDIQUANT LE BUT DE L'ENTREPRISE ET LES AVANTAGES QU'ON PEUT S'EN PROMETTRE. Il sera formé au chef-lieu du département une commission de neuf membres au moins, de treize au plus, pris parmi les principaux propriétaires de terres, de bois, de mines, les négociants, les armateurs et les chefs d'établissements industriels. *Des registres destinés à recevoir les observations auxquelles pourra donner lieu l'entreprise projetée seront ouverts pendant un mois au moins et quatre mois au plus, au chef-lieu du département.* — Les pièces qui, aux termes des art. 2 et 3 doivent servir de base à l'enquête seront déposées pendant le même temps et aux mêmes lieux. —

A l'expiration du délai fixé, la commission se réunira sur-le-champ : *elle examinera les déclarations consignées aux registres de l'enquête;* elle entendra les ingénieurs des ponts et chaussées et des mines employés dans le département; après avoir recueilli auprès de toutes les personnes qu'elle jugerait utile de consulter les renseignements dont elle croira avoir besoin, *elle donnera son avis motivé sur l'utilité de l'entreprise.* Le préfet adressera ensuite toutes les pièces avec son avis à l'administration supérieure. — Les chambres de commerce et au besoin les chambres consultatives des arts et manufactures des villes intéressées à l'exécution des travaux seront appelées à délibérer et à exprimer leur opinion sur l'utilité et la convenance de l'opération. »

Or, le but de cette enquête est évidemment de protéger la propriété particulière, de la mettre à l'abri des actes arbitraires que voulaient empêcher la Constitution de 1791 et celle de 1793 en déclarant hautement que : « nul ne peut être privé de la moindre portion de sa propriété sans son consentement, si ce n'est lorsque la nécessité publique légalement constatée l'exige, et sous la condition d'une juste et préalable indemnité. » Napoléon Ier, tout despote qu'il était, n'admettait pas d'autre principe, comme le témoigne une note envoyée de Schœnnbrünn, le 29 septembre 1809, à Cambacérès.

Dans le cas où nous sommes placés, la nécessité publique n'était pas légalement constatée, et, en supprimant l'enquête, on violait la loi du 27 juillet 1870. On voulait empêcher l'opinion publique de protester contre l'érection du monument expiatoire, contre cette consécration de la France au Sacré-Cœur ! Et la loi est tellement violée ici que M. Batbie, lui-même, déclare dans son *Précis de droit administratif* (édition 1881) que l'inobservation des formalités de l'enquête entraîne un excès de pouvoir qui donne lieu à un recours devant le Conseil d'Etat. Cette doctrine a été consacrée par le Conseil d'État dans trois arrêts rendus le 27 mai 1856 et dans un quatrième, rendu le 26 décembre 1837.

Le tribunal, dans ce cas, a même le droit de refuser l'expropriation, comme l'indique un arrêt de la Cour de cassation du 13 janvier 1840.

Considérons maintenant l'acte qui déclare l'utilité publique, et voyons s'il n'est pas entaché de nullité !

La construction d'une église constitue-t-elle une entreprise de travaux publics, c'est-à-dire de travaux entrepris en vue de l'utilité générale et pour assurer ou faciliter les services publics ? M. Batbie affirme que la jurisprudence est formelle sur ce point et sur neuf autres. Mais il est à remarquer que pour les neuf derniers il cite des arrêts du Conseil d'État, tandis qu'il n'en cite aucun à l'appui de sa première assertion. Pourquoi ce silence au sujet de la construction d'une église? Et qu'en devons-nous conclure, connaissant la bonne foi de l'éminent jurisconsulte? C'est que sur ce point la jurisprudence se tait, tout comme la loi, qui ne parle nullement de travaux publics entrepris par une fabrique, *à fortiori* par un archevêché.

L'église, d'après la loi de 1873, appartient à l'évêché. Or, il est constant qu'une église, si elle est publique, ne peut appartenir qu'à l'État, au département ou à la commune. Mirabeau a dit en 1789 : « Les cultes et leurs temples n'appartiennent pas à leurs ministres : ils appartiennent à la société. » Et un autre orateur a ajouté : « Il en est des églises comme des grandes routes, elles doivent appartenir à l'État, au département ou à la commune. » Cela ressort clairement, du reste, de l'art. 72 du décret de 1809 qui organise les fabriques. Le législateur y déclare implicitement qu'un particulier qui fonde une église de ses propres deniers ne peut se réserver un droit de propriété sur l'église dont il laisserait l'usage à une paroisse ou à une commune. En effet, l'art. 72 porte que celui qui aurait entièrement bâti une église pourra retenir la propriété d'un banc ou d'une chapelle pour lui et sa famille. Or si le fondateur d'une église a le droit d'y posséder seulement un banc ou une chapelle, il ne peut être possesseur de l'église entière. Un arrêt du 6 août 1809, émanant de la cour de cassation, déclare d'ailleurs que jamais un particulier ou une personne morale ne pourrait avoir la disposition d'un édifice consacré à un culte public, et cette doctrine est développée, consacrée par un avis du Conseil d'État du 4 juin 1809.

L'archevêque peut, en vertu de la loi du 2 janvier 1817, acquérir et posséder à titre privé ; il a donc le droit de posséder une chapelle privée ; mais alors il n'y avait plus lieu de lui accorder le droit d'expropriation. Là encore la loi a donc été violée; car on a voulu constituer une propriété collective et publique, la propriété ecclésiastique, quand il ne peut y avoir qu'un seul domaine public relevant de l'État ou de ses démembrements, le département et la commune.

En accordant à l'archevêque de Paris le droit d'exproprier, on a outrageusement laissé de côté les lois qui traitent de l'expropriation ; car il résulte clairement des lois de l'an viii, de 1807, de 1810, de 1832 et de 1841 que le but de l'expropriation est de faire passer une chose *à privato ad publicum,* du domaine privé dans le domaine public. On ne peut donc pas laisser à titre privé la chose expropriée entre les mains d'une personne autre que l'État, le département, la commune ou leurs représentants légaux.

Si des associations ont pu exercer le droit d'expropriation, c'est qu'en somme l'intérêt général était en jeu ; d'ailleurs l'immeuble exproprié ne restait pas dans le domaine privé.

Si vous ne reveniez pas sur cette loi de 1873, Messieurs, le précédent ainsi créé aurait peut-être des conséquences fâcheuses. On pourrait en déduire pour des comités, pour des intérêts qui ne seraient pas sociaux la même application. Supposez, par exemple, que le nombre des collectivistes augmente, qu'ils constituent un syndicat et que Louise Michel, la grande prêtresse du collectivisme, vienne, à l'instar de M. Guibert, demander à des chambres mieux disposées pour le collectivisme que les Chambres actuelles le droit d'exproprier pour fonder sur la colline de Montmartre (*mons martyrum* aussi pour les révolutionnaires) un temple à la déesse Déraison. Que penseriez-vous des Chambres qui lui auraient accordé ce droit d'expropriation et de possession privée d'un domaine public ?

Enfin, Messieurs, la loi a encore été violée en 1873. D'après l'art. 11 de la loi du 3 mai 1841, la désignation des parcelles dont la cession est nécessaire pour l'exécution de l'entreprise est faite par un arrêté du préfet, qu'on appelle arrêté de cessibilité, et qui est déterminé par les articles 4, 5, 6, 7, 8, 9, 10 que je ne relaterai pas ici. La réunion de la Commission, conformément aux articles 8, 9, 10, suppose qu'il s'agit de travaux intéressant plusieurs communes et dont l'étendue demande un examen qui porte sur l'ensemble. Ces formalités n'auraient pas leur raison d'être dans le cas où l'entreprise serait limitée à une seule commune. L'avis du conseil municipal remplacera alors l'examen de la Commission d'enquête. La loi veut aussi que le préfet rende son arrêté en conseil de préfecture. Si le préfet prononçait sans avis du conseil municipal ou en dehors du conseil de préfecture, il y aurait violation de formes, et cette violation donnerait ouverture au recours pour excès de pouvoirs. Or, le conseil municipal de Paris n'a pas été consulté en 1873. Donc là encore la loi n'a pas été observée.

En terminant, Messieurs, je dois relater les opinions qui se sont fait jour au sein de la Commission dont j'ai l'honneur d'être rapporteur.

Un des membres de la Commission a émis l'opinion qu'il n'était pas opportun de soulever la question de l'église de Montmartre ; qu'il fallait laisser les Alacoquistes dits Cordicoles enterrer leur argent où bon leur semblait et ne pas les troubler dans cette opération d'érection ; qu'on leur rendrait service en leur redonnant l'argent déjà enfoui ; que du reste, malgré le bonheur qu'on peut avoir à s'offrir un pilier ou une pierre de taille à son nom, l'église ne s'élèverait jamais, faute d'argent, et que jamais n'a été plus vrai le dicton de maître Petit-jean : « Point d'argent, point de Suisse. » Cette opinion peut en effet se soutenir ; car on prétend qu'à chaque assise nouvelle l'église s'enfonce sous l'action du poids de cette assise, et il est probable que si elle continue, on la verra un beau jour apparaître aux antipodes le parvis en l'air et le clocher en bas. Ce serait un miracle à tenter, et la Commission tout entière semblait se ranger à cet avis, lorsqu'un autre membre a affirmé que les fondations touchaient à une couche imperméable et que le mouvement de translation, dont avait d'abord joui l'église, loin de s'accélérer comme cela se passe pour la chute des corps célestes qui viennent visiter notre planète , s'était enfin arrêté. Avouez cependant, Messieurs, que si le mouvement avait continué, tous ces affreux libres-penseurs avaient beau jeu pour voir dans cet enfoncement progressif le doigt de Dieu mécontent d'avoir vu supprimer l'enquête administrative.

Un autre membre fit alors remarquer que la proposition soumise à la Commission était absolument opposée à l'idée de séparation de l'Eglise et de l'Etat, dont les membres présents de la Commission paraissaient cependant partisans ; qu'une église s'élevant aux frais d'un parti, on ne devait pas s'opposer à l'érection , sous peine de déroger aux principes de liberté absolue professés par les membres de la Commission.

La séparation de l'Eglise et de l'Etat, a-t-on répliqué, ni les principes de liberté ne sont en jeu ici : personne ne s'élève contre la construction d'une église particulière, et tous nous voulons qu'on puisse aller même à la messe ; mais nous nous élevons avec force contre la prétention de l'Assemblée nationale de nous vouer au Sacré-Cœur et d'élever un monument expiatoire des prétendues fautes de la France républicaine ; nous demandons la tolérance pour tous et pour chacun la liberté d'agir à sa guise, pourvu que cela ne gêne en rien la liberté des autres.

Le même membre ajouta que l'on n'avait pas le droit d'exproprier l'archevêque ; que toute expropriation de ce genre serait attentatoire à la liberté. Il lui fut répondu qu'on avait, pour beaucoup de raisons, le droit d'exproprier l'archevêque de Paris : la première, c'est que, comme il s'agit d'une église affectée à l'exercice public d'un culte, les locaux, achetés ou expropriés à l'occasion de cette construction, sont dans le domaine public ; par conséquent on peut prononcer un changement d'affectation des locaux ou terrains dépendant du domaine public. D'ailleurs, des concessions de canaux , de hâvres, de chemins de fer, qui ont pour objet de conférer aux concessionnaires le droit de percevoir certaines taxes et qui ont, à plusieurs égards, un caractère emphythéotique, peuvent être expropriées, et une loi spéciale, du 29 mai 1845, a déterminé les conditions auxquelles serait effectué le rachat pour cause d'utilité publique des concessions de canaux. Or, d'après l'art. 3 de la loi du 21 juillet 1873 et conformément à l'art. 63 de la loi du 3 mai 1841, l'archevêque de Paris est considéré comme un concessionnaire; en outre, la construction de l'église de Montmartre ayant été élevée à la hauteur d'un travail public, il est parfaitement juste de la placer sur le rang des canaux ou des chemins de fer; que si on regardait au contraire les terrains sur lesquels se construit l'église comme la propriété privée de l'archevêque, on retombait dans l'application de la loi du 3 mai 1841 à un simple particulier.

Telles sont, Messieurs, les diverses objections posées devant la Commission et la manière dont il y a été répondu.

Quant à la construction d'un hospice pour les invalides civils, je n'ai pas besoin, Messieurs, de vous en faire ressortir tous les avantages.

Par le fait de sa naissance, l'enfant acquiert le droit de vivre; la société doit le nourrir, l'instruire, le protéger jusqu'à l'adolescence. Si en se développant il devient infirme, la société doit le prendre à sa charge tant qu'il vit, si les parents ne sont pas en état de pourvoir à ses besoins ou s'ils n'existent pas.

Le soldat blessé sur un champ de bataille et se trouvant par suite de blessures dans l'incapacité de travailler ou de gagner sa vie a reçu de tout temps une pension assurant son existence, ou bien il trouve à l'Hôtel des Invalides un asile pour le reste de ses jours, et cela parce qu'on a considéré qu'au moment où il combattait, il protégeait les intérêts de la nation. Bien souvent cependant il ne servait que des intérêts despotiques ou dynastiques.

Le mutilé de l'industrie a droit, lui aussi, à une pension ou à un asile. Soldat du labeur tombé sur le champ de bataille industriel en travaillant à l'accroissement de la prospérité nationale et de la fortune publique, la société lui doit une réparation pour ses blessures.

Lorsqu'un homme a produit pendant un laps de temps plus ou moins long, qu'il a élevé ses enfants, qu'il a servi son pays comme soldat, qu'il a supporté les charges qui pèsent sur les citoyens sous forme d'impôts, et que l'âge le rend inapte au travail, la nation doit assurer son existence, si ses enfants ne peuvent pas le faire.

Je n'ai pas besoin de dire que la femme a non seulement les mêmes droits que l'homme, mais de plus grands encore, elle, dont le salaire, dans notre société mal équilibrée, est moins rémunérateur que celui de l'homme, elle, dont le dévouement, les soins comme mère et comme épouse sont si admirables et si souvent mal récompensés, l'homme ne comprenant pas assez tout ce qu'il y a de délicatesse, de bonté et d'abnégation dans cet être fragile.

Nous avons déjà beaucoup fait pour les enfants en créant des écoles ; créons maintenant des hospices et des secours à domicile. Après nous être occupés des hommes de l'avenir, occupons-nous des hommes du passé, des vieillards.

Telles sont, Messieurs, les pensées qui ont guidé la Commission et qui l'ont déterminée à vous présenter intact ce projet de loi qui peut s'intituler : *Une œuvre de réparation et de justice.*

MAURICE CABART.

PROJET DE LOI.

ARTICLE 1er.

La loi du 24 juillet 1873, relative à la construction d'une église à Montmartre est abrogée.

ART. 2.

Est déclarée d'utilité publique la construction d'un hospice des invalides civils sur les terrains affectés à l'église dite du Sacré-Cœur.

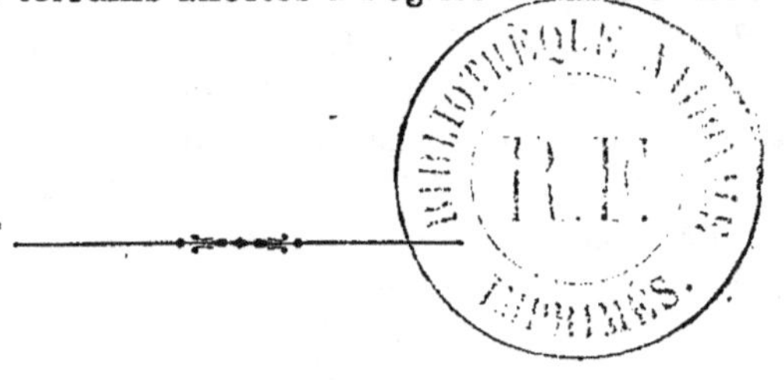

Imp. Léautey, 24, rue Saint-Guillaume.

Imprimerie Léautey, rue Saint-Guillaume. 24.

www.ingramcontent.com/pod-product-compliance
Lightning Source LLC
Chambersburg PA
CBHW061749060726
47597CB00007B/2850